X

DEUXIÈME PARTIE.

ORTHOGRAPHE COMPLEXE.

VOIX.

A.

a   Ami.

e   Femme   imprudemment
prudemment   pertinemment
précédemment   violemment
ardemment.

ai   Douairière.

ao   Faonne paonne paonneau.

à   Aller *à* Paris. Aller *à* Rome.

â   Bâton mâtin pâté lâché fâché.
Il a tâché. Mâché gâché châtié
pâmé.

1

ha   *H*ardi inhabité habité habilité habitué haïr halbran hangar havresac harangué haro harnaché harpon harpin brouhaha.

ah   *Ah.*

he   *H*ennir hennissement,

hâ   *H*âlé hâté hâtif.

as   B*as* tas bras amas cadenas canevas cas compas coutelas damas échalas fatras frimas galetas gras haras las lilas matras platras ramas repas trépas.

ap   Dr*ap* sparadrap,

aps   Les dr*aps* les sparadraps

at   Sold*at* achat avocat béat cabat cadenat candidat chat climat colzat combat concordat contrat consulat crachat débat délicat ducat ébat état format goujat grabat grenat incarnat ingrat

at	mand*at* muscat nacarat notariat odorat plat rachat rat sénat secrétariat seringat tribunat il bat il abat.
ats	Les sold*ats* les avocats les cadenats les candidats les chats les climats les combats les contrats les ingrats les mandats les plats les rats.
ât	Le b*ât* le mât le dégât.
âts	Les b*âts* les mâts les dégâts.
ast	Saint W*ast*.
ath	Amur*ath*.
ac	Le tab*ac* un lac l'estomac.
acs	Les tab*acs* les lacs les estomacs.
ach	L'alman*ach*.
achs	Les alman*achs*.

È.

è   Fidèle élève.

e   Mortel julep Salep Sep bref chef fief nef actuel annuel cartel colonel cruel criminel éternel manuel individuel matériel ménestrel perpétuel ponctuel spirituel universel scalpel ouest nord-est zest avec bec échec sec grec abject correct direct infect.

ai   Balai brai déblai défrai délai étai jai vrai.

ay   Epernay Bayle.

oi   Foible roide.

ei   Peigne teigne écreigne qu'il feigne qu'il éteigne qu'il peigne.

ey   Le dey le bey.

œ	Coræbe.
é	Cortége manége collége.
ê	Béte tête fête.
aî	Le maître naître paraître.
oî	Connoître paroître.
ë	Israël Ismaël Noël Samuël.
hè	*Hère.*
he	*H*erbe hermine hernie hersé.
hai	*H*aineux.
hê	*H*être.
haî	La *haî*ne.
ès	Grès progrès congrès profès très près après.
es	L*es* mes des tes ses.
ais	Mar*ais* ais biais épais frais niais jamais laquais palais panais rabais relais je fais je plais je me tais.
ois	Je voul*ois* je parlois je criois je partois je chantois je dansois

ois	j'écout*ois* je répondois j'espérois je respirois je soupirois je pouvois.
oîs	Je par*oîs* je reparois.
eys	Les d*eys* les beys.
hais	Je *hais* tu hais.
aie	R*aie* baie braie coudraie craie ivraie jonchaie laie orfraie paie plaie saie taie.
aies	Les r*aies* les baies les braies les boulaies les claies les plaies.
aient	Ils chant*aient* ils dansaient ils partaient ils répondaient ils parlaient ils voulaient ils pouvaient.
aye	Que j'*aye*.
ayes	Que tu *ayes*.
ayent	Qu'ils *ayent*.
oie	La monn*oie*.
oies	Les monn*oies*.
oient	Ils dir*oient* ils aimeroient

oient ils dansero*ient* ils chanteroient
ils tomberoient ils mordroient
ils borderoient ils délioient
ils haranguoient ils défioient
ils renioient ils parioient
ils châtioient ils arguoient
ils évaluoient ils continuoient
ils remuoient.

haie   La *haie* du jardin.
haies   Les *haies*.
haye   La *Haye* (ville).
hayes Des *hayes*.
aid   L*aid*.
aids   Ils sont l*aids* tenir les plaids.
et   Un poul*et* arch*et* arm*et* baqu*et*
barb*et* bid*et* batel*et* biqu*et* bosqu*et*
bouqu*et* bourl*et* bouv*et* brev*et*
briqu*et* broch*et* brou*et* cabar*et*
cad*et* caqu*et* chen*et* cheval*et*
chev*et* corn*et* cors*et* couper*et*

et couple*t* crochet déchet discret duvet filet foret furet guet.

ets Les poul*ets* les mets les banquets les bidets les batelets les bosquets les boulets les bouquets les cabinets les couplets les navets les crochets.

ait La*it* trait portrait abstrait forfait malfait méfait retrait stupéfait contrefait il soustrait il se tait il satisfait.

aits Des portr*aits* des forfaits des méfaits des traits.

oit Il voul*oit* il pouvoit il juroit il chantoit il répondoit il parloit il abjuroit il conjuroit il partoit il crioit il prioit il supplioit il consoloit il tournoit il retournoit il considéroit.

êt Prêt à intérêt benêt prêt du

êt	soldat for*êt* protêt prêt à partir têt arrêt.
êts	Les ben*êts* les intérêts les forêts.
aît	Il pl*aît* il déplaît.
oît	Il par*oît* il reparoît il disparoît il comparoît.
hait	Un sou*hait* il me hait.
haits	Les sou*haits*.
est	Il *est* bon; il est joli; il est poli.
ept	S*ept* mille.
ez	Passy-l*ez*-Paris.
egs	Un l*egs*.
ecs	Les éch*ecs*.
ect	Le resp*ect* il est suspect.
aix	La p*aix* un porte-faix.
a	Tu p*a*yeras tu crayonnas.

É.

é	Pât*é*.
e	*E*ffet effort.
ai	J'*ai* j'ai soif j'ai aimé j'aimai j'aimerai j'ai aidé j'aidai j'aiderai j'ai imbibé j'imbibai j'imbiberai j'ai brodé je brodai je broderai j'ai gardé je gardai je garderai j'ai grondé je grondai je gronderai j'ai plaidé je plaidai je plaiderai un quai le quai de Conti.
ay	La Roche *Ay*mon les quatre fils Aymon.
oi	F*oi*blir se roidir foiblesse.
œ	*Æ*rope Æsope.
ei	Mal p*ei*gné un peignoir des beignets.
œ	F*œ*tus Œdipe.

è   Zèlé.

ê   Mal *vê*tu têtu fêté bêta se vêtir. Il a rêvé. Il a pêché. Il a bêché. Il a prêché.

aî   *Aî*né gaîté.

ë   No*ë* No*ë*mi.

hé   *H*érité hélas Hépar hérédité.

eh   *Eh* mais !

hei   *Hei*duque.

és   Les pât*és* les dés les cafés les défilés les jurés les fédérés les prés les aspérités les bontés les cavités les calamités.

ais   Je s*ais* tu sais.

ée   La journ*ée* à la dérobée un scarabée à la becquée une bouchée la couchée une nichée une tranchée bordée abordée coudée ondée fée araignée cognée poignée saignée clavelée coulée la mêlée *ée*   vol*ée* armée fumée aînée cheminée épée fournée matinée.

ées   Les journ*ées* les tranchées les bordées les coudées les fées les cognées les araignées les poignées les armées les fournées les cheminées les épées les matinées les marées les soirées les corvées les nuées les destinées.

éent   Ils cr*éent* ils se récréent ils procréent.

aie   Elle est g*aie* gaieté.

aies   Elles sont g*aies.*

ef   La cl*ef.*

efs   Les cl*efs.*

ed   Le pi*ed* le bled.

eds   Les pi*eds* les bleds.

et   Soir *et* matin. La nuit et le jour. Le cheval et le mulet.

ait   Il s*ait.*

er   Boucher lever coucher. Armurier batelier bouvier belier cabaretier cafetier chandelier le premier dernier écolier escalier espalier fermier figuier grenadier guêpier.

ers   Les bouchers les abricotiers les beliers les bateliers les bouviers les chandeliers les écoliers les fermiers les savetiers les voituriers.

ez   Le nez. Il a le nez fin. Il a bon nez.

a   Payer j'ai payé balayer frayer. Il a frayé le chemin. Défrayer effrayer. Crayon crayonner.

E

e   V*e*nir t*e*nir prom*e*ner r*e*t*e*nir r*e*v*e*nir souv*e*nir surv*e*nir.

ai   Bien*fai*sant satisfaisant malfaisant faisons la paix.

œ   *OE*il.

eu   F*eu* jeu peu bleu adieu aveu cheveu Dieu épieu fieu hébreu milieu morbleu pieu éteuf neuf épagneul veuf seul acteur administrateur baigneur balayeur barguigneur blancheur chicaneur frayeur fleur fureur.

œu   Un v*œu* œuvé un œuf un bœuf œuvre.

eû   Déj*eû*né il a jeûné meûnier.

heu   Bon*heu*r malheur heureux malheureux.

eus Je v*eus* je peus.

eue Qu*eue* lieue banlieue demi-lieue robe bleue.

eues Les qu*eues* les lieues les robes bleues.

euf N*euf* mille.

eufs Bas n*eufs* souliers neufs.

œuf *OEuf* frais bœuf gras.

œufs Des *œufs* frais des bœufs gras.

œud Un n*œud* un nœud de ruban.

œuds Les n*œuds*.

eut Il pl*eut* il veut il peut il meut.

eur Monsi*eur*.

eurs Messi*eurs*.

eux Les chev*eux* alumineux les aveux baragouineux baveux belliqueux les yeux bleux boîteux cagneux crayonneux dédaigneux défectueux fâcheux fiévreux fougueux gâcheux

eux   glutin*eux*   hargneux   gueux.
œux   Les v*œux*.

I.

i   Am*i*.

y   T*y*ran   lacrymal   stylet Cotylédon   martyr   Psyché crystal   Yverdun   Yrac.

ui   V*ui*dé vuider.

î   Le d*î*né la dîme abîmé.

ï   Naïf introït Caïnan Laïs Calaïs Naïs Tanaïs.

hi   *H*i*bou hiver hiatus histrion hier historié hideux Spahi.

hy   *H*y*men hydromel Hypécoon hydocras Hypopion Hyrcan.

hi   Voilà le *hi*c.

is   Sour*is* gris cambouis gâchis hachis indivis lambris Louis marquis panaris Paris parvis pâtis pilotis roulis sursis torticolis vernis tapis paradis brebis.

ys   Den*ys* pays fleur de lys.

his   Ils sont tra*his* ébahis.

ie   Coméd*ie* maladie folie furie mélodie perfidie psalmodie poulie jolie astronomie chimie agonie acrimonie calomnie ignominie harmonie tyrannie harpie boucherie broderie mairie cavalerie je prie.

ies   Les poul*ies* les comédies les parodies les folies les perfidies les calomnies les harpies les armoiries les broderies les boucheries les prairies tu pries tu châties tu clarifies.

2

ient   Ils calomn*ient* ils amplifient ils prient ils châtient ils clarifient ils psalmodient ils multiplient ils étudient ils publient ils scorifient.

ie   Acha*ïe* haïe. Elle est haïe.

ye   Je m'ennu*ye* l'abbaye.

yes   Tu t'ennu*yes* les abbayes.

yent   Ils s'ennu*yent*.

hie   Elle est tra*hie* envahie ébahie.

hies   Elles sont tra*hies* envahies.

if   Un apprent*if*.

ifs   Les apprent*ifs*.

id   Un n*id* un mu*id* Madrid.

ids   Des n*ids* des muids.

it   L*it* acabit bandit confit conflit contrit débit décrépit dédit délit dépit discrédit écrit érudit esprit gagne-petit habit manuscrit obit petit prétérit profit proscrit répit rescrit.

its   Les l*its* les bandits les conflits les écrits les esprits les habits les manuscrits les proscrits.

ît   Qu'il v*ît*.

hit   Il tra*hit* il envahit il s'ébahit.

hît   Qu'il tra*hît* qu'il envahît.

ist   Jésus-Chr*ist*.

il   Un bar*il* cabril émeril fournil nombril outil persil gril.

ils   Les bar*ils* les cabrils les fusils les fournils les grils les outils.

iz   Le r*iz*.

ic   Un cr*ic* (*machine*).

ics   Des cr*ics*.

ict   Un am*ict*. Un amict de lin.

icts   Des am*icts*.

ix   Perdr*ix* six mille. Le prix du bled. Dix poulets.

u   F*u*yez.

O.

o   Bobo.

u   Triumvir duumvir méconium opium laudanum nutritum targum album-grœcum. Veni mecum.

ao   *Ao*riste.

au   V*au*tour autour aucun autel austérité autorité auteur baudet baudrier cauteleux fauchée sauter faucon fautif gaucher gaufrer jaunir laurier mauvais maudit paumier pauvreté sauf sauver saupoudrer sauter taudis.

eau   *Eau* veau à veau-l'eau beauté baliveau bâtardeau bandeau barbeau bateau bluteau blaireau bureau cadeau carpeau caveau

eau	chalum*eau* chapeau château
	chevreau corbeau copeau
	couteau drapeau écriteau
	flambeau fricandeau fardeau
	gâteau linteau hameau.
oi	*Oi*gnon oignonet poignet.
on	M*on*sieur.
ô	Rôti prôné maltôtier.
ho	*H*orizon hochet horion hocher
	hoche-queue holà homologuer
	hoquet horizontal hormis horreur
	hospitalier hospitalité hostilité
	Mahomet honneur.
oh	*Oh* mon dieu !
hau	*Hau*teur haubans haubert.
heau	*H*eaumerie.
hô	*H*ôtel hôpital hôtellier.
os	*Os* clos dispos dos éclos gros.
os	Héros propos repos.
op	Syr*op* galop il y a trop.

ops   Les syr*ops*.

aud   Crap*aud* badaud il fait chaud clabaud courtaud échafaud grimaud lourdaud maraud nigaud noiraud pataud penaud réchaud rustaud saligaud soulaud taraud sourdaud trigaud.

auds   Les crap*auds* les badauds les courtauds les échafauds les grimauds les lourdauds les nigauds les réchauds les rustauds.

ot   Fag*ot* abricot cachot cagot camelot canot coquelicot dévot complot écot grelot jabot javelot idiot lingot manchot magot pot marmot matelot mélilot mulot paquebot pavot pilot pivot rabot sabot sanglot tripot. Trot d'un cheval. Turbot.

(23)

ots   Les fag*ots* les abricots les calots les chariots les dévots les complots les grelots les pavots les haricots les lingots les javelots lés marmots les matelots les pivots les mulots les pavots les sabots les sanglots les tripots les turbots.

aut   Artich*aut* bouċaut défaut il faut héraut levraut sursaut tayaut il vaut.

auts   Les artich*auts* les défauts les hérauts les sursauts.

ôt   L'imp*ôt* le dépôt le rôt tantôt vîte et tôt. Aussitôt prévôt suppôt.

ôts   Les imp*ôts* les dépôts les rôts les prévôts les suppôts.

hot   Le ca*hot* d'un chariot.

hots   Les ca*hots*.

haut	Il est *haut*.
hauts	Ils sont *hauts*.
ost	Le prév*ost*.
oth	Un G*oth* un Ostrogoth,
oths	Les G*oths* les Ostrogoths.
auld	Bert*auld* Arnauld.
ault	Arn*ault* Bertault Boursault,
oc	B*roc* croc froc.
ocs	Des br*ocs* des crocs.
oq	C*oq*-d'Inde.
oqs	Des c*oqs*-d'Inde.
aux	Les chev*aux* les bestiaux chaux matériaux nominaux féminaux les vitraux taux. Esprits vitaux. Truaux signaux.
eaux	Le V*eaux* Bordeaux Meaux les caniveaux les claveaux les carteaux.
aulx	F*aulx* à faucher.

U,

u	Barb*u*.
eu	J'ai *eu*. Il a eu.
û	Brú*l*er brûlot il est dû six francs. Vous dûtes sûreté bûcher
eû	Nous e*û*mes vous eûtes.
ü	Saül Danaüs Emmaüs.
hu	*Hu*it hucher huchet huée huer huguenot hui huileux huissier humanité humecter humer humérus humeur humus humidité humilier hurler aujourd'hui.
us	Refus abus abstrus chou-cabus calus camus confus diffus les écus inclus intrus jus tu dus je fus je crus.
eus	Je les ai *eus*.

ue **Vue** rue nue barbue berlue ciguë bévue cornue grue laitue massue morue recrue retenue statue tortue verrue. Il remue Il éternue.

ues **Les** r*ues* les barbues les nues les cornues les grues les laitues les morues les recrues les revues les statues les tortues **tu** continues tu distribues tu perpétues **tu** prostitues tu salues tu remues.

uent **Les** ânes r*uent.* Ils distribuent ils diminuent ils perpétuent ils restituent ils puent ils tuent.

eue Je l'ai *eue.*

eues Je les ai *eues.*

hue Co*hue* je hue il hue.

hues Les co*hues* tu hues.

huent Ils *huent.*

ud Il est n*ud* le fruit est crud.

uds	Ils sont n*uds* ils sont cr*uds*.
ut	**B**u*t* tribut début rut salut talut scorbut statut il but il courut il crut il déplut il secourut.
uts	Les débu*ts* les tributs les buts les rebuts les statuts les saluts.
eut	Il *èut*.
ût	Le f*ût* d'une colonne qu'il mourût qu'il courût qu'il parût qu'il vécût.
ûts	Les f*ûts*.
eût	Qu'il *eût* qu'il eût soin.
hut	Un Ba*hut*.
huts	Les Ba*huts*.
ust	Le f*ust*.
ul	Le c*ul*-de-lampe.
uls	Les c*uls*-de-lampe.
ux	Le flu*x* le reflux.

OU.

ou   Un clo*u*.

ol   Un s*ol* un fol le col un licol.

aou   S*aou*ler se saouler.

où   *Où* va-t-il? d'où vient-il?

oû   Goûter voûter joûter soûler.

aoû   *Aoû*teron.

hou   *Hou*blon houileux houret houri hourder.

ous   *Nous* vous absous dessous sous dissous j'absous je dissous.

ols   Les s*ols* les fols les licols six sols.

oue   La b*oue* la roue la proue il avoue il bafoue il cloue il dénoue il dévoue il échoue il écroue il loue il secoue il troue.

oues   Tu *joues* les joues tu avoues tu cloues tu dénoues tu échoues tu loues tu secoues tu troues les roues les toues les boues.

ouent   Ils *jouent* ils avouent ils bafouent ils clouent ils échouent ils écrouent ils nouent ils secouent ils trouent.

houe   Je *houe* la houe.

oues   Tu *houes* les houes.

houent   Ils *houent*.

oup   Un *loup* coup beaucoup après-coup contre-coup.

oups   Les *loups* les coups.

oud   Il *coud* il découd il moud.

ouds   Je *couds* tu couds je mouds.

out   Tout bout debout égout surtout il absout il dissout.

outs   Les *bouts* les deux bouts les égouts les surtouts.

oût Le go*ût* le dégo*ût* le co*û*t.

outs Les go*ûts* les coûts.

oul Arno*ul*..

ouls . Le po*uls*.

oûl Ils est so*ûl*.

oûts Ils sont so*ûls*.

aoul Il est s*aoul*.

aouls Ils sont s*aouls*.

ould Arn*ould*.

oult Arno*ult*.

oug Le jo*ug*.

oux Les clo*ux* courro*ux* do*ux* épo*ux* jalo*ux* po*ux* ro*ux* la to*ux*.

houx Le *houx*.

AN.

an Ru*ban*.

am Ja*m*bon.

en *En*fant *en*cadrer *en*chaîner

en   *en*chanter enchérir enclaver enfer enfiler enfermer enfler enfouir engrener ennuyer enrôler ensevelir entraîner entêté entraver entretenir envenimer envahir environ fendu lenteur mendier menteur tendron tentateur ventilateur.

em   *Em*bargo embouchoir emblaver embarquer embaumer emboiter embaucheur embrocher empester emmancher embusquer emmener empeigne empereur emploi.

aen   C*aen*.

ean   J*ean*.

aon   L*aon* un faon un paon.

han   *Han*gar hanter.

ham   La *ham*pe Hambourg.

hen   Pré*hen*sion compréhension appréhension appréhender Henri.

ans Les rub*ans* les ten*ans* les fais*ans* les cabest*ans* les écr*ans* les cadr*ans* les éperl*ans* les charlat*ans* les ortol*ans* pélic*ans* les rom*ans* les sult*ans* les vétér*ans* les mil*ans*.

ens Les élém*ens* le bon sens les dépens les par*ens* tu m*ens*.

ems Le t*ems* le beau t*ems*.

aons Les fa*ons* les pa*ons*.

amp Un ch*amp* de bled un camp.

amps Les ch*amps* les camps.

emps Le t*emps* un contre-temps.

and Gl*and* grand march*and* brig*and* chal*and* fri*and* gal*and*.

ands Les march*ands* les brig*ands* les chal*ands* les fri*ands* les g*ands* les gal*ands* les gl*ands* les gr*ands*.

end Différ*end* révér*end*.

ends Les différ*ends* les révér*ends*.

ant Méch*ant* couch*ant* avant

ant pench*ant* touchant tranchant
abondant adjudant fondant
mordant pédant prétendant
répondant fainéant élégant
signifiant stupéfiant calmant
capitulant étudiant souriant
devant défiant.

ants Les méch*ants* les penchants
les fondants les répondants les
fainéants les pédants les enfants
les étudiants les habitants les
chats-huants les ignorants les
absorbants.

ent L*ent* ardent confident trident
imprudent ingrédient équivalent
turbulent violent ajustement
alignement jument ameublement
bâtiment paîment châtiment
dévoîment dénoûment.

ents Les tal*ents* les confidents les

3

ents imprud*ents* les dents les parents les●ingrédients les arpents les torrents les absents les vents.

empt Il est ex*empt*.

empts Ils sont ex*empts*.

ang Le s*ang* le rang un étang.

angs Les r*angs* les étangs.

eng Le har*eng*.

engs Les har*engs*.

anc B*anc* blanc franc.

ancs Les b*ancs* les blancs six francs sept francs huit francs.

I N

in Lap*in*.

im *Im*pur.

en Chi*en* bien aérien combien comédien entretien galérien gardien grammairien historien en   Italien méridien le mien oratorien payen rien soutien le sien le tien vaurien.

em   Le Lemta.

yn   Syncope syndic syndicat.

ym   Tympan tympanon.

ain   Main pain nain grain l'airain bain aubain chapelain châtain châtelain contemporain écrivain étain marchand-forain hautain huitain humain inhumain levain lendemain lointain métropolitain mondain poulain refrain parpain puritain.

aim   La faim un daim Antraim essaim.

ein   Rein sein frein chanfrein serein dessein.

eims   Reims.

in   Vous vîntes ils vînrent ils tînrent.

ïn   Caïn Tubalcaïn.

hin   Ca*hin*-caha Hindou.

ins   Les lap*ins* les baladins les blondins les baldaquins les boudins les burins les brodequins les festins les carabins les chemins les coquins les chevrotins les escarpins les échevins les éparvins les faquins.

ens   Les chi*ens* les galériens les grammairiens les gardiens les historiens les méridiens les payens les soutiens les vauriens je viens je m'abstiens je tiens je me souviens j'entretiens je maintiens.

ains   Les m*ains* les bains les châtains les chapelains les châtelains les grains les écrivains les humains les poulains les refrains les vilains les riverains les souverains.

aims   Les d*aims* les essaims.

eins   Les r*eins* les freins les seins les chanfreins.

int   Le qu*int* il vint il parvint il contint il obtint il survint.

ints   Les quatre qu*ints.*

ent   Il ti*ent* il vient il s'abstient il contrevient il disconvient il obtient il entretient il maintient.

înt   Je voudrois qu'il vînt. Il faudroit qu'il se contînt. Je desirerois qu'il obtînt.

aint   S*aint* on le plaint il est craint.

aints   Les s*aints* ils sont craints.

eint   Et*eint* peint le teint frais il feint il éteint il restreint il enfreint.

eints   Ils sont ét*eints* ils sont peints ses sentimens sont feints. Les réglemens sont enfreints.

ing	**Po***ing* vieux oing.
ings	**Les po***ings.*
eing	**Le** s*eing* le contre-seing.
eings	**Les** s*eings* les contre-seings.
ingt	**V***ingt* mille.
ainc	**Il** v*ainc* il convainc.
aincs	**Tu** v*aincs* tu convaincs.
inct	**L'inst***inct* succinct distinct.
incts	**Les inst***incts.* **Ils sont distincts.**
inq	**C***inq* mille cinq cents.

O N

on	**Bonb***on.*
om	**N***om* prénom surnom.
un	**Du p***un*ch le Sund.
hum	**Un r***hum*b de vent.
aon	**Un t***aon* saint Laon.
hon	*H*onteux Mahon Honfleur

hongre Honduras la honte.

hom   *Hom*bre le jeu de l'hombre.

hum   *Hum*bert Humbercourt.

ons   Les bonb*ons* les barbons les charbons les jambons les balcons les faucons les Gascons les dindons les bridons les frelons les bourdons les dragons.

oms   Les n*oms* les prénoms.

aons   Les ta*ons*.

omb   Le pl*omb*.

ombs   Les pl*ombs*.

ond   G*ond* blond faux-bond fond moribond plafond rond il répond il tond.

onds   Les g*onds* les blonds les fonds les ronds tu confonds tu réponds.

ont   P*ont* amont contremont front ils font ils diront ils viendront ils aimeront ils répondront ils voudront.

onts   Les po*nts* les fronts les monts.

ompt   Pro*mpt* il est prompt il rompt il corrompt il interrompt.

ompts   Ils sont pro*mpts*.

ong   Il est lo*ng* barlong.

ongs   Ils sont lo*ngs* barlongs.

onc   Un tro*nc* un jonc.

oncs   Les tro*ncs* les joncs.

UN.

un   Br*un*.

um   Parf*um*.

eun   Il est à je*un*.

hun   *Hun* (*nom d'un peuple*).

hum   *Hu*mble humblement.

uns   Les br*uns* les import*uns* les trib*uns* les lieux comm*uns*.

ums   Les parf*ums*.

huns	Les *Huns*.
unt	Dé*funt* emprunt.
unts	Les dé*funts* les emprunts.

O I.

oi	La *loi*.
oy	Fonteno*y*.
eoi	Surse*oir*.
oî	Go*î*tre cro*î*tre.
oê	Bo*ê*te.
ois	P*ois* bois anchois chamois courtois minois patois putois tournois toutefois sournois je crois tu crois je bois tu bois je vois tu vois.
eois	Je surse*ois* tu surseois.
oîs	Je cro*îs* (*de croître*) j'accroîs.
oie	Jo*ie* charmoie voie foie proie

oie   Savo*ie* soie. Il faut que je voie pour que je croie.

oies   Les jo*ies* les charmoies les proies les soies les foies les voies il faut que tu voies pour que tu croies.

oient   Ils vo*ient* ils déploient ils croient ils aboient ils envoient ils revoient ils renvoient.

oye   Ro*ye* Oye Camboye Croye.

oyes   Tro*yes*.

eoie   Que je surs*eoie*.

eoies   Que tu surs*eoies*.

eoient   Ils surs*eoient* qu'ils surseoient.

oid   Fro*id*.

oids   Les fro*ids* le poids.

oit   L'endro*it* toit détroit droit adroit maladro*it* il boit il croit.

oits   Les endro*its* les détoits les maladroits courir sur les toits.

oît	Le surcro*ît* l'accroît il croît.
oîts	Les surcro*îts* les accroîts.
oigt	Le d*oigt*.
oigts	Les d*oigts*.
oix	La v*oix* les loix choix poix.
o	Loyal royal royaume royauté loyauté aloyau.

ARTICULATIONS.

B.

b	*B*âton.
bb	A*bb*é abbesse abbaye Rabbin.
bs	Les Naba*bs* les robs.
be	Ara*be* syllabe scribe globe tube jambe limbe bombe hécatombe barbe herbe proverbe verbe orbe courbe fourbe tourbe tombe.

(44)

bes   Les sylla*bes* les scribes les globes les tubes les jujubes les jambes les bombes les limbes tu plombes tu ébarbes les proverbes tu t'embourbes tu courbes.

bent   Ils déro*bent* ils prohibent ils tombent ils plombent ils gobent ils embourbent ils englobent ils enjambent ils ébarbent ils courbent ils absorbent.

P.

p   **P**âté.

pp   A**pp**arenté apparoir appas appartement appartenant appât appauvrir appel appeau appelant appentis appétit appréhender applaudir apporter appointement *pp*   a*pp*rêter   apprendre   appliqué approbateur   appui   opportunité appuyer.

pe   Je ta*pe* pape étape crêpe guêpe pipe tripe tulipe type syncope il galope Europe horoscope météoroscope   coupe   croupe groupe étoupe loupe poupe soupe soucoupe troupe.

pes   Tu ta*pes* tu râpes les papes tu drapes les crêpes les guêpes les tripes les syncopes les jupes les télescopes les varlopes les chaloupes les croupes les loupes.

pent   Ils ta*pent* ils drapent ils fripent ils soupent ils dupent ils rompent ils décampent ils grimpent ils trompent   ils   rampent   ils surcoupent.

ppe   Na*ppe* huppe houppe échoppe

ppe   je fra*ppe* je happe il jappe la lippe il grippe il enveloppe.

ppes   Tu fra*ppes* les huppes les houppes tu happes les nappes tu échappes tu enveloppes les échoppes.

ppent   Ils fra*ppent* ils happent ils échappent ils développent ils enveloppent.

V.

v   Pa*v*é.

f   Neu*f* ans.

w   Saint *W*ast.

ve   La*v*e rave esclave fève rêve veuve. Je bave je brave j'emblave il se déprave il entrave il lave il grave il soulève élève.

ves   Tu ba*v*es tu braves tu te

(47)

vès dépra*ves* tu entraves les esclaves les raves tu enlèves tu soulèves les élèves les fèves les rêves les veuves les fleuves tu enjolives les grives les solives.

vent **Ils** ba*vent* ils pavent ils bravent ils gravent ils lavent ils se dépravent ils entravent ils emblavent ils enlèvent ils activent ils enjolivent ils souscrivent ils prouvent ils doivent.

F.

f   *F*anfan.

ph   *Pha*éton Phalaris Pharaon Phanor phénomène philosophie philantrope philantropie Phidias.

ff   Gri*ff*on affabilité affablement

ff   a*ff*ecté affermir afficher affirmèr affourcher affront affubler effet.

fs   Les cani*fs* les ifs les captifs les nominatifs les ablatifs les vocatifs les impératifs les indicatifs les roboratifs les vomitifs.

fe   Cali*fe* pontife trufe carafe je brife.

fes   Tu bri*fes* les carafes les califes les pontifes les trufes.

fent   Ils bri*fent* ils escafent.

ph   Je para*ph*e je philosophe épigraphe épitaphe tachygraphe paragraphe apocryphe olographe typographe limitrophe strophe.

phes   Tu para*phes* tu • philosophes les épigraphes les tachygraphes les épitaphes les historiographes les sténographes les typographes.

phent   Ils para*phent* ils philosophent.

ffe   Chi*ffe* griffe touffe bouffe j'étouffe j'agraffe je dégraffe je greffe.

ffes   Tu agra*ffes* tu dégraffes tu greffes des chiffes les griffes les touffes les tartuffes tu étouffes.

ffent   Ils agra*ffent* ils dégraffent ils greffent ils bouffent ils étouffent.

M

m   A*m*i.

mm   Enfla*mm*é commis commodité communiquer commandement symmétrie.

me   A*me* blasphême crême carême diadême emblême systême azyme anonyme trirême cacochyme

4

me   escri*me* esti*me* subli*me* synony*me* victi*me* atô*me* astrono*me* bau*me* écono*me* heau*me* pau*me* bitu*me*.

mes   Les â*mes* les blasphê*mes* les systê*mes* les cri*mes* les victi*mes* nous dî*mes* nous feignî*mes* tu ai*mes* tu blâ*mes* nous brûlâ*mes*.

ment   Ils ai*ment* ils blâ*ment* ils diffa*ment* ils impri*ment* ils esti*ment* ils suppri*ment* ils remplu*ment* ils infir*ment* ils affir*ment*.

mme   Fe*mme* gra*mme* myriagra*mme* monogra*mme* orifla*mme* fla*mme* progra*mme* décagra*mme* po*mme* ho*mme*.

mmes   Tu enfla*mmes* les fe*mmes* six décagra*mmes* sept gra*mmes* cinq myria*mmes* les fla*mmes* les ho*mmes* les po*mmes*.

mment Ils enfla*mment* ils nomment
ils somment ils consomment.

D

d   *D*indon.

de   Gra*de* salade balustrade brigade
camarade embuscade cavalcade
cascade incartade peuplade
intermède aride guide insipide
perfide intrépide invalide
solide splendide bride commode
code ode amplitude inquiétude
gratitude aptitude j'escalade je
rétrograde.

des   Les briga*des* les camarades les
cascades les muscades tu escalades
tu rétrogrades.

dent   Ils escala*dent* ils rétrogradent

(52)

dent ils se per*dent* ils dévident ils boudent ils grondent ils sondent ils gardent ils tordent.

T.

t	*T*outou.
d	Gran*d* homme. Pied-à-terre.
th	*Th*alie thé théâtral théisme thème Thémis théogonie thon théologal thériacal théorême théorie thermal thermidor athée théisme éther éthiops éthopée isthme Othon Othman rhythme le mont Athos.
pt	*Pt*isane promptement compté exempté promptitude escompté.
tt	A*tt*acher attaquer atteindre atteler attendre attendrir attester attentif atténuer attiédir attractif

tt   a*tt*rait battant attraper attribuer battement batteur battu dattier s'attrister.   •

te   Da*te* automate aromate cravate frégate omoplate opiate pirate savate stigmate pâte épithète prophète émérite guérite pyrite hypocrite marmite mérite je palpite antidote bergamote prote capote dévote échalote galiote matelote sorte tourte acte docte il dicte chaste contraste poste il reste ziste et zeste batiste Jean-Baptiste chimiste.

tes   Les aroma*tes* les automates les pirates les savates les frégates les stigmates les épithètes les guérites les prophètes les hypocrites les marmites tu habites les antidotes les capotes

tes   les dou*tes* les déroutes les détentes les contes tu grignotes tu éclates tu dates.

tent   Ils écla*tent* ils datent ils ratent ils dilatent ils s'entêtent ils habitent ils héritent ils tentent ils contentent ils grignotent ils chuchotent ils doutent ils redoutent ils content ils portent ils détestent ils restent.

the   Aga*the* Polymathe Zoolithe Parthe Sarthe.

thes   Les aga*thes* les polymathes les zoolithes les ostéolithes les rizolithes les ornitholithes les Parthes.

pte   Com*pte* escompte décompte j'escompte elle est prompte.

ptes   Les com*ptes* tu escomptes elles sont promptes.

ptent   Ils com*ptent* ils escomptent.

tte   Cha*tte* jatte natte patte platte bandelette alouette omelette banquette blanquette crotte dette cotelette coudrette fauvette espagnolette fourchette houlette gourmette mauviette je gratte.

ttes   Tu gra*ttes* les chattes les jattes les nattes les pattes les alouettes les omelettes les banquettes les boulettes les brouettes.

ttent   Ils gra*ttent* ils promettent ils battent ils regrettent ils rejettent ils projettent ils luttent ils décrottent ils marmottent.

N.

n	Nanan.
mn	Conda*mn*er.
gn	Si*gn*et.
nn	Do*nn*er couronner cartonner s'abonner cramponner bâtonner bourdonner braconner canonner se cantonner chaponner tanner.
ne	Je gla*ne* il chicane il profane il trépane il plane organe diaphane membrane bracmane un âne bardane molybdène scalène syrène reine un chêne un pêne albumine aubépine calamine chopine chevrotine couleuvrine farine crapaudine héroïne ratine vermine brune

ne   fortu*ne* prune rancune tribune poterne jeune.

nes   Les â*nes* les membranes les platanes les patènes les rênes les arènes les chênes les bobines les chopines les épines les fouines les salines les dunes les prunes les tribunes tu glanes tu chicanes tu profanes tu planes tu trépanes.

nent   Ils glan*ent* ils chicanent ils profanent ils planent ils trépanent ils se promènent ils s'acheminent.

nne   Ca*nne* paysanne friponne étrenne indienne chienne je donne il détonne il griffonne il crayonne je questionne.

nnes   Les ca*nnes* les paysannes les antiennes les étrennes tu donnes.

nnent   Ils do*nnent* ils interviennent
ils retiennent ils braconnent ils
chansonnent ils griffonnent.

mne   Je conda*mne* il condamne
Mariamne l'automne.

mnes   Tu conda*mnes* les automnes.

mnent   Ils conda*mnent*.

L.

l   *L*utin.

ll   A*ll*umer aller alléguer allier
Allemand décoller desseller
emballer emmieller distiller
installer.

ls   Les ba*ls* les pals les régals les
carnavals. Les cierges pascals.

le   J'ava*le* je signale je détale
j'égale j'empale capitale cavale
cathédrale pédale sandale scandale

le   spira*le* tymbale le hâle pâle le râle fidèle modèle il bêle il grêle la bile le chyle huile bricole école pistole métropole parole.

les   **Tu** ava*les* tu sales tu violes tu signales les modèles tu fêtes les dactyles tu enfiles les carioles les gueules tu brûles les férules les ampoules les boules les voiles les meules les étoiles les câbles.

lent   **Ils** ava*lent* ils salent ils bêlent ils signalent ils empalent ils enfilent ils veulent ils voilent ils brûlent ils écroulent ils tremblent ils gonflent ils hurlent ils bouclent ils règlent ils sanglent.

lle   J'emba*lle* j'installe intervalle halle chapelle canelle échelle bagatelle écuelle flanelle la *lle* grave*lle* semelle voyelle dentelle sauterelle il annulle ville bulle sybille.

lles Tu emba*lles* les balles les chandelles les halles les échelles les semelles les sauterelles les villes tu distilles tu annules les bulles.

llent Ils emba*llent* ils interpellent ils installent ils renouvellent ils distillent ils annullent.

R.

r Amou*r*.

rh *Rh*ume rhéteur enrhumé.

rrh A*rrh*er.

rr A*rr*acher arrêt arriérer serrer arriver arrondir abhorer barrer enterrer fourrer rembourser.

(61)

rs
Les amou*rs* les pleurs les murs les malheurs les grandeurs les splendeurs les vainqueurs les martyrs les souvenirs les zéphirs les majors les jours les vautours les discours je pars.

re
Fanfa*re* guitare phare frère beau-père commère chaire aire hémisphère grand-père heure presbytère contraire demeure délire empire j'adhère poire je tempère température bravoure mâchoire gloire croire histoire.

res
Les guita*res* les artères les planisphères les chaires les demeures les heures les poires les empires les satyres les madrépores tu restaures les balayures les brochures les voitures tu déclares.

rent Ils décla*rent* ils comparent ils adhèrent ils firent ils adorent ils espèrent ils tempèrent ils déchirent ils tirent ils prirent ils empirent ils restaurent ils burent ils se turent ils eurent ils augurent ils conjecturent.

rre Sima*rre* bécarre barre je narre j'abhorre j'atterre j'enterre je serre je rembourre.

rres Tu abho*rres* tu altères tu barres tu enterres tu fourres les serres les barres.

rrent Ils abho*rrent* ils rembourrent ils enterrent ils barrent ils fourrent ils narrent ils chamarrent.

rrhe J'a*rrhe* il arrhe.

rrhes Tu a*rrhes*.

rrhent Ils a*rrhent*.

rps   Le corps.

rf   Nerf serf.

rfs   Les nerfs les serfs.

rd   Renard bâtard dard blafard brocard canard fard étendard hagard gadouard lard lézard pétard placard poignard verd abord nord sourd lourd il perd.

rds   Les renards les bâtards les canards les épinards les records les étendards. Epis verds. Les sabords les sourds les remords tu perds.

rt   Art à part boulevart rempart ouvert couvert sort mort. Il dort renfort transport il court il concourt il meurt.

rts   Les arts les boulevarts les remparts les couverts les forts les renforts les transports.

rg	Le bou*rg* Cherbourg.
rgs	Les bou*rgs* les faubourgs.
rc	Cle*rc* Saint Marc po*rc* frais.
rcs	Les cle*rcs* les porcs.

Y.

y	A*y*eul payen.
i	Plébé*i*en.
ï	Païen aïeul camaïeu.
l	Péri*l* avril babil grain de mil.
ll	Ardi*ll*on billon aiguillon carillon cotillon étranguillon grillon papillon sillon pavillon postillon vermillon briller babiller cheviller entortiller éparpiller gaspiller fourmiller étriller fusiller griller grapiller piller habiller.

il   Bail cama*il* attirail bercail bétail corail détail mail éventail gouvernail poitrail portail travail appareil conseil réveil soleil sommeil chevreuil deuil écureuil fauteuil seuil orgueil œil fenouil.

ill   Bata*ill*on baillon haillon médaillon moraillon travailler bailler brailler émailler empailler piailler ramailler railler brouiller appareiller réveiller sommeiller bredouiller chatouiller dépouiller mouiller débredouiller souiller.

gli   Imbro*gli*o.

hi   Ca*hi*er.

lh   Mi*lh*aud.

ilh   Ai*lh*aud.

ls   Les péri*ls*. •

ils   Les cama*ils* les attirails les

5

ils détai*ls* les éventails les poitrails les portails les sérails les conseils les orteils les bouvreuils les chevreuils les écureuils les fauteuils.

ye Je pa*ye* je raye j'effraye je défraye. L'eau-de-vie d'Andaye.

yes Tu pa*yes* tu défrayes.

yent Ils pa*yent* ils défrayent.

ille Pa*ille* taille muraille médaille bataille abeille merveille bouteille corbeille futaille limaille feuille pouille grenouille patrouille vieille. Je baille je travaille je veille je mouille il braille il bataille. Le lait caille. J'empaille il taille il s'encanaille il travaille j'appareille je réveille je conseille.

illes Les pa*illes* les murailles les médailles les feuilles les corbeilles

illes les bouteilles les grenouilles tu bâilles tu brailles tu tailles tu empailles tu travailles.

illent Ils bâillent ils raillent ils écaillent ils empaillent ils travaillent ils appareillent ils sommeillent ils éveillent ils débrouillent ils dérouillent.

ier Tablier baudrier calendrier arbalêtrier bouclier chambrier vitrier chêvrier manouvrier coudrier épinglier lévrier plier peuplier sanglier approprier décrier prier hier.

lle Une fille une aiguille anguille charmille chenille cheville étrille coquille goupille vrille pastille vétille. Je brille je babille j'entortille je gaspille j'étrille je grapille je grille j'habille il pétille il pille il pointille.

lles Les béqui*lles* les chevilles les vrilles les coquilles les goupilles les pastilles les aiguilles les anguilles tu brilles tu éparpilles tu grilles tu t'habilles.

llent Ils bri*llent* ils babillent ils pillent ils entortillent ils grillent ils étrillent ils fusillent ils éparpillent ils habillent ils tortillent.

G N.

gn Signal.

gne Bagne montagne campagne règne peigne enseigne empeigne ligne consigne ivrogne. Je gagne j'accompagne je règne je baigne je saigne j'enseigne je peigne j'aligne j'égratigne je m'indigne

gne   je signe je trépigne je cogne
je rogne.

gnes   Les montagnes les peignes les
lignes tu gagnes tu saignes tu
enseignes tu alignes tu t'indignes
tu trépignes tu cognes tu
t'éloignes.

gnent   Ils gagnent ils accompagnent
ils règnent ils saignent ils
enseignent ils craignent ils
alignent ils trépignent ils cognent
ils s'indignent ils s'éloignent.

Z.

z   Azur.

s   Rosée croisée risée fusée prison
toison saison maison raison
raisin cousin voisin faisan amuser
abuser aiguiser baiser apprivoiser

s   analyser apaiser arroser attiser autoriser briser baptiser croiser défriser déguiser dépayser dépriser désabuser dogmatiser disposer électriser familiariser.

x   Deux enfans. Heureux espoir. Doux ami. Dix hommes. Six ânes. Je veux aller. Tu peux espérer.

ze   Gaze haze bonze ; il bronze ; il gaze ; il allèze.

zes   Les gazes les hazes les trapèzes les pelouzes tu bronzes tu gazes les bonzes.

zent   Ils bronzent ils gazent.

se   Phrase case périphrase alèse chaise braise punaise baigneuse méprise bêtise chemise église fainéantise sottise surprise méthamorphose ventouse je rase

se   j'écra*se* je biaise j'égrise je recuse
je compose je porphyrise.

ses   Les ca*ses* les phrases les
chemises les églises les surprises
les roses tu rases tu abuses tu
aiguises tu t'amuses tu opposes
tu analyses tu apprivoises tu
biaises tu apaises tu brises tu
croises.

sent   ils ra*sent* ils apprivoisent ils
abusent ils aiguisent ils biaisent
ils s'amusent ils analysent ils
brisent ils autorisent.

S.

s   Savon.

t   Puni*t*ion abnégation création
abstraction admiration adoption
action administration ampliation

t   commotion donation stagnation conjuration inspiration éducation traduction précaution révolution inclination transsubstantiation.

z   Rodez.

c   Ceci celui-ci cène cimetière cendre cession cérémonie cidre cerisier certain cervelle ciboule cicatrice cigale cigogne cygne ciseau civil cadencé déplacé glacé pincé ici voici pourceau cerneau cerceau cerveau berceau ponceau monceau morceau.

ç   Garçon arçon forçat leçon caleçon caparaçon façon glaçon limaçon rançon maçon pinçon poinçon hameçon étançon soupçon or-ça en-deça aperçu déçu je conçois je reçois reçu.

sc   Scission sceau scel scélérat

sc   *sc*ène sceptre sciure faisceau sciemment.

sç   *Sç*avant sçavoir j'ai sçu je sçus.

x   Au*x*erre.

tz   Me*tz*. Retz.

sth   A*sth*me asthmatique.

ss   Poi*ss*on coussin dossier tissu gousset moisson osselet basson bissau bassin bossu.

se   An*se* danse panse tarse course entorse thyrse bourse herse inverse traverse. Il pleut à verse ; il rembourse il pense.

ses   Les an*ses* les danses les bourses les herses tu verses tu herses tu penses tu traverses tu rembourses tu danses.

sent Ils ver*sent* ils traversent ils hersent ils dansent ils pensent ils remboursent.

ce   Pla*ce* audace besace face race dédicace glace grimace menace populace trace espèce nièce pièce avarice auspice complice frontispice hospice justice milice supplice négoce sauce pouce puce audience clémence ronce prince croyance province annonce.

ces   Les pla*ces* les espèces les grimaces les glaces les artifices les pièces les nièces les auspices les délices les complices les hospices les sauces les négoces les puces les pouces tu places.

cent   Ils pla*cent* ils déplacent ils sucent ils grimacent ils grincent ils balancent ils prononcent ils enfoncent ils dépècent.

sse   Cha*sse* bécasse brasse carcasse crevasse filasse paillasse adresse

sse   aîne*sse* jeunesse vîtesse hardiesse promesse esquisse lisse brosse housse vieillesse secousse carrosse écrevisse je chasse.

sses   Les béca*sses* les paillasses les masses les adresses les foiblesses les esquisses les écrevisses les brosses les carrosses les housses les secousses tu chasses.

ssent   Ils cha*ssent* ils adressent ils houssent ils toussent ils passent ils poussent ils pressent ils lissent ils adossent ils haussent ils faussent ils glissent.

sce   J'acquie*sce* ; la vesce (*graine*).

sces   Tu acquie*sces*.

scent   Ils acquie*scent*.

J.

j   *J*oli.

g   *G*énéral géant gelée geler gémir gentil gendarme générosité géographie génie gibet giberne gibier giron gîsant fragilité incorrigibilité.

je   Que dis-*je* ? que fais-je ? que vois-je ? qu'entends-je ?

ge   Ima*ge* cage mariage bocage rivage feuillage bagage tapage visage collège siège piège prodige litige doge éloge toge juge déluge gouge ange lange fange orange linge singe éponge songe. Je nage il mangea il range il rangea il déroge il dérogea il ronge il rongea il éponge il épongea *ge*   il plon*ge* il plongea ; pigeon.

ges   Les ima*ges* les cages les collèges les prodiges les oranges les éponges les anges les langes tu nages tu abrèges tu affliges tu adjuges tu aggrèges tu corriges tu arranges tu déloges tu protèges tu manges tu prolonges tu proroges.

gent   Ils na*gent* ils aggrègent ils affligent ils chargent ils dérogent ils dérangent ils égorgent ils égrugent ils jugent ils singent ils songent ils engorgent ils fustigent ils hébergent ils interrogent.

C H.

ch   Cheval.
sch   Schisme.

che   Vache bêche pêche mèche
riche chiche niche coche cloche
roche bûche embûche autruche
• cartouche dimanche louche
planche clinche éclanche tranche
brèche. Je cache j'accroche
j'affiche il approche il arrache
il attache il bronche il crache
il lèche.

ches   Les va*ches* les mèches les
coches les cloches les ruches
les brèches tu caches tu accroches
tu approches tu arraches tu tâches
tu détaches tu marches.

chent Ils ca*chent* ils accrochent
ils affichent ils approchent
ils arrachent ils embauchent
ils empêchent ils décrochent
ils cherchent ils escarmouchent
ils défrichent.

G.

g   *G*alon la Guadeloupe (*la Gouadeloupe.*)

gu   *Gu*enon guenille guenillon guenuche Languedoc.

c   Se*c*ond anecdote Czar.

ch   Dra*ch*me.

gg   A*gg*raver aggravant agglutiner agglutination agglomération agglutinant.

gue   Ba*gue* da*gue* va*gue* bè*gue* di*gue* fatigue intrigue apologue dogue astrologue catalogue églogue dialogue synagogue prologue fougue harangue langue seringue diphtongue. Je fatigue je vogue je divague je prodigue.

gues Les ba*gues* les dagues les

gues   va*gues* les digues les fatigues les intrigues les dogues les fugues les harangues les seringues les diphtongues tu divages tu vogues tu prodigues.

guent   Ils fati*guent* ils divaguent ils voguent ils intriguent ils prodiguent ils dialoguent ils haranguent.

G Z.

x   E*x*il exemple exemption exact exempté exécration exhalaison exagérer exubérance exaspérer exalter examen exécrer exécuter exhaler exiger exister exorciser exorbitant exulcérer exaction.

C.

c   Caporal.

qu   Qualité quantité qualification quantième querelle quarantaine le quart quarteron quartier quoi quenouille quolibet quotidien. Partie aliquote. Quotient quotité carquois souriquois.

g   Sang et eau. Le rang et la fortune.

q   Coq quaterne quadragénaire quadragésime quart quadratrice quadrilatère quadruple équation quadrupède aquatique aquarelle loquacité équateur.

k   Kan kabak kabin kahouanne kali kouan Koran.

6

cqu	Il abe*cqu*a tu abecquas.
ck	Danemar*ck* Hastembeck Lubeck Yorck.
ch	*Ch*rétien chlamyde Chloris chlorose choriste saint-chrême chorégraphie chrémeau Christ christianisme chroniqueur chaos Moloch chronologiste chrysolite Baruch Chrysopée sépulchral.
cc	A*cc*abler accorder accomplir acclamation accompagner accord accommoder accointance accoutrement s'accoutumer accroire occasion accroître.
cs	Les sa*cs* les bacs les Grecs les lacs. Les raisins secs. Les alambics les aspics les pronostics les syndics les blocs les socs les sucs les boucs.

(83)

que   Claque plaque attaque casaque barraque évêque bique pique brique trique rubrique république phoque coque nuque perruque felouque banque pinque conque quiconque catafalque remarque cirque disque remorque je plaque je claque j'attaque je remorque.

ques   Les attaques les braques les patraques les claques les piques les rubriques les républiques les ventriloques les breloques les banques les perruques les pinques les félouques les conques les masques les casques les disques tu trafiques tu piques tu attaques tu brusques tu troques.

quent Ils piquent ils abdiquent ils attaquent ils appliquent

quent ils communi*quent* ils brusquent ils hypothèquent ils bloquent ils claquent ils pronostiquent.

cque J'abe*cque* il abecque.

cques Tu abe*cques* Lucques Jacques.

cquent Ils abe*cquent*.

C S.

x Fixer fixité axiome exploit expérience expédition extirpation excrémens excoriation taxation s'expatrier borax index larynx lynx sphinx sixte.

xe Axe syntaxe convexe rixe prolixe équinoxe paradoxe je taxe j'annexe je fixe je vexe.

xes Les axes les équinoxes les rixes

(85)

xes	tu ta*xes* tu fixes tu annexes tu vexes.
xent	Ils ta*xent* ils annexent.
xc	E*xc*epté exception.

G U.

gu	*Gu*i guignon guittare orgueil.
g	*G*ai énergumène dégustation augure régulier figure ciguë contigu aigu ambigu exigu conjugaison cargaison.

Q U.

qu	*Qu*itter piquûre.
c	*C*uriosité cube cubique caisse caisson cuisse excuser excuse.

cu	Écueil.
ch	Chiliade chirographaire chœur chiragre chirologie chiromancie.
k	Kyrie kyrielle kermès kiastre kilogramme kilomètre kilolitre.
cqu	Acquérir acquisition acquit.
cc	Occuper occupation accuser acculer accumuler accumulation occurrent occurrence occulte.
ccu	Accueil accueillir.

EXERCICES

DE LECTURES SUIVIES.

Mieux vaut bien faire que faire vîte.

Besogne commencée est à moitié faite.

Bon cavalier monte à toute main.

Si vous voulez faire vos affaires, allez-y.

Tant vaut l'homme, tant vaut la terre; donnez-lui deux raies, elle vous en rendra deux; donnez-lui en quatre, elle vous en rendra quatre.

L'œil du fermier vaut fumier.

Loin de son bien, près de sa ruine.

Il vaut mieux semer moins, et travailler mieux.

Peu, mais bien; *pauca, sed bona.*

Un bon ami vaut mieux qu'un parent.

Qui est ami de tous ne l'est de personne.

Les bons comptes font les bons amis.

Il vaut mieux être marteau qu'enclume.

Tout ce qui reluit n'est pas or.

Rien ne ressemble plus à un honnête homme qu'un fripon.

Les yeux sont toujours enfans.

Quand le puits est sec, on connaît la valeur de l'eau.

Un bienfait n'est jamais perdu.

Tard donner c'est refuser.

Le chagrin ne paye pas les dettes.

Aide-toi, le ciel t'aidera.

A cheval hargneux il faut étable à part.

Comparaison n'est pas raison.

Erreur n'est pas compte.

Bonne parole coûte peu et vaut beaucoup.

Qui ne se lasse pas, vient à bout de tout.

Pas à pas, on va bien loin.

La goutte d'eau creuse le rocher.

A cœur hardi la fortune tend la main.

Il ne faut pas jeter le manche près la coignée.

Le roi des souhaits est mort à l'hôpital.

Diligence passe science.

Il est plus doux de donner que de recevoir.

Qui ne doute de rien ne sait rien.

Mal d'autrui ne nous touche guère.

Il n'y a pas de petit ennemi.

Qui prouve trop ne prouve rien.

L'amour du père est le seul amour.

Haine de frères, haine de diables.

Bouche de miel, cœur de fiel.

Faute avouée est à moitié pardonnée.

La raison du plus fort est toujours la meilleure.

L'instruction est l'ornement du riche et la richesse du pauvre.

Qui se fait brebis, le loup le mange.

Le meilleur coup de dez est de n'en
   point jouer.

La liberté vaut mieux qu'un trésor.

Qui a compagnon a maître.

Les malheureux n'ont point d'amis.

A navire brisé, tous les vents sont con-
   traires.

On ne doit conseiller ni la guerre ni le
   mariage.

Don de méchant ressemble à son maître.

Trois déménagemens valent un incendie.

L'occasion ne se retrouve pas.

L'oisiveté est la mère de tous les vices.

Ne rien faire produit beaucoup d'affaires.

Après jeunesse oisive, vieillesse pénible.

Le paresseux est toujours pauvre.

La paresse engendre les soucis.

La rouille use plus que le travail.

Mauvais accommodement vaut mieux
   que bon procès.

Parler sans penser, c'est tirer sans viser.

D'un seul coup, on n'abat pas un chêne.

Quand on ne peut mordre, il ne faut pas aboyer.

Qui n'entend qu'une partie n'entend rien.

Il faut trois sacs à un plaideur : sac d'argent, sac de papiers, sac de patience.

Faute d'un clou, le fer du cheval se perd; faute de fer, on perd le cheval; faute de cheval, le cavalier lui-même est perdu.

Ne faites à personne ce que vous ne voudriez pas qu'on vous fît; faites à chacun ce que vous voudriez que l'on fît pour vous.

FABLES.

~~~~~~~

Le Riche et le Savant.

Un riche, fier de son opulence et sans craindre l'avenir, méprisoit un homme de science. La guerre réduisit le Riche à la mendicité, tandis que le Savant fut toujours bien traité et bien reçu partout.

L'Ecrevisse.

Marchez droit, disait l'Ecrevisse mère à sa fille : aller à reculons ! fi, cela n'est pas beau. Ma mère, je serois fâchée de vous contredire en rien ; je vous suivrai ; mais marchez, s'il vous plaît, la première.

Le Renard et le Corbeau.

Certain Corbeau tenoit un fromage
dans son bec. Le Renard vint lui dire :
Oh, que vous chantez bien! c'est un
charme de vous entendre. Le Corbeau
le croit, chante et ne tient plus rien.
Qui écoute les flatteurs n'est pas sage.

La Fourmi et la Mouche.

Misérable Fourmi, disoit fièrement
la Mouche ; vil animal, que le travail
fera périr. Pour moi la bonne chère et
le plaisir. Adieu, Mouche, dit la
Fourmi ; l'hiver viendra.

L'Avare qui a perdu son trésor.

Mon or est pris, crioit un Avare en
fureur ; mon or que je conservois plus

précieusement que ma vie; jamais je
n'y touchois. Eh bien! lui dit un passant,
ramassez quelques coquilles; elles vous
vaudront tout autant.

La Fourmi et la Cigale.

Fourmi, dit la Cigale affamée, hélas!
un peu de graine! Je n'ai rien, et
l'hiver est si long à passer. Qu'as-tu
donc fait l'été? lui demande la Fourmi.
J'ai chanté dans la plaine. Eh bien! va
maintenant y danser.

Les Voyageurs et le Trésor.

Au temps d'Isa, trois hommes voya-
geoient ensemble. Chemin faisant, ils
trouvèrent un trésor; ils étoient bien
contens. Ils continuèrent de marcher;
mais ils sentirent la fatigue et la faim;

et l'un d'eux dit aux autres : il faudroit avoir à manger ; qui est-ce qui ira en chercher ? Moi, répondit l'un d'entre eux. Il part, il achète des mets. Après les avoir achetés, il pensa que s'il les empoisonnoit, ses compagnons de voyage en mourroient, et que le trésor lui resteroit ; et il les empoisonna. Cependant les deux autres avoient résolu, dans son absence, de le tuer, et de partager le trésor entr'eux ; il arriva, ils le tuèrent. Ils mangèrent des mets qu'il avoit apportés ; ils moururent tous les trois, et le trésor n'appartint à personne.

Fin de la seconde Partie.

NOTA. Nous avions annoncé que notre ouvrage serait divisé en quatre cahiers; mais depuis, d'après une nouvelle classification, nous l'avons réduit à trois, afin de ne pas interrompre l'ordre des matières.

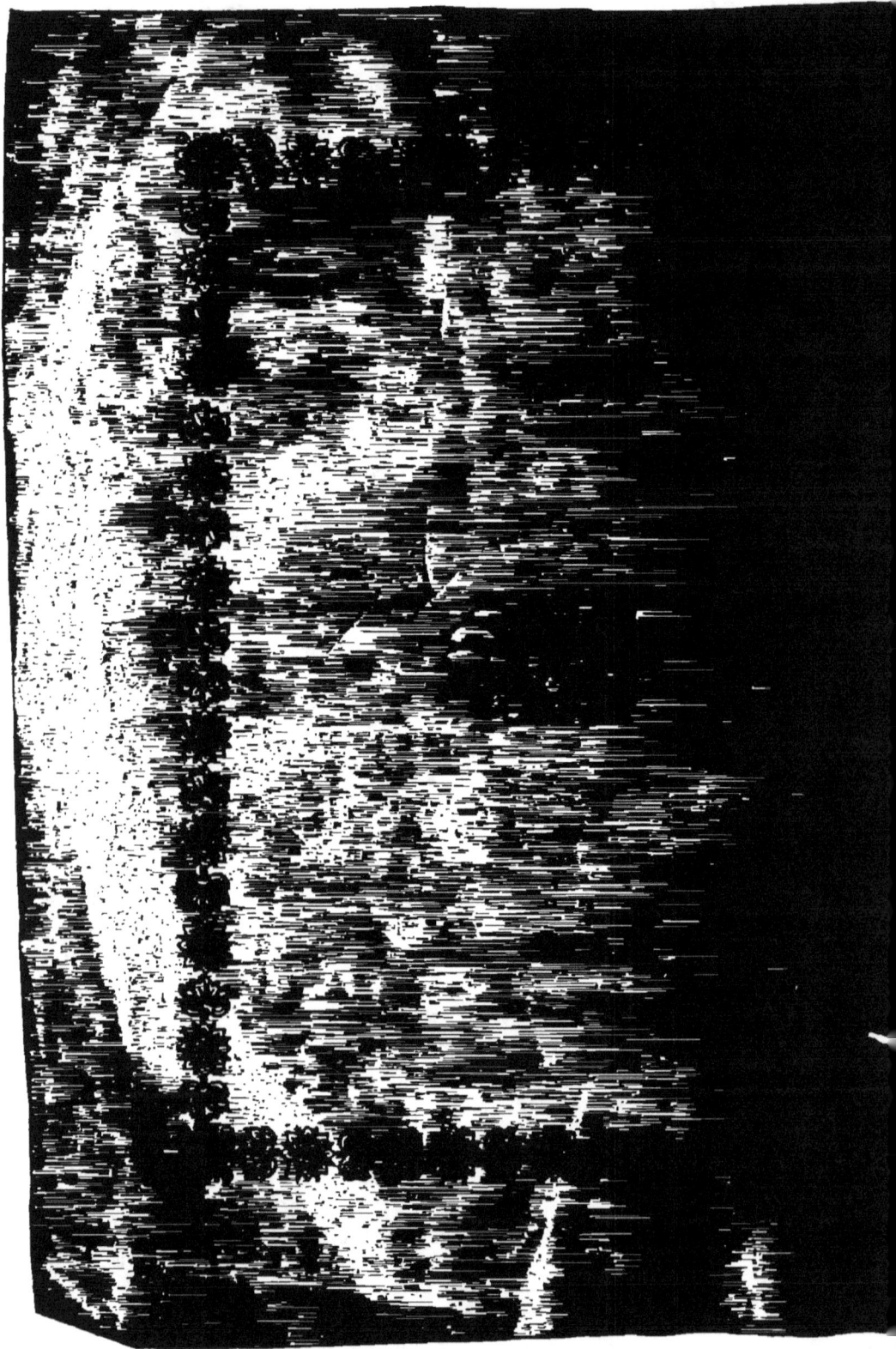

www.ingramcontent.com/pod-product-compliance
Lightning Source LLC
Chambersburg PA
CBHW052100270326

41931CB00012B/2833